Awesiinyensag

Awesiinyensag

Dibaajimowinan Ji-gikinoo'amaageng

Edited by Anton Treuer

Illustrated by Wesley Ballinger

MINNESOTA HISTORICAL SOCIETY PRESS

Originally published in 2010 by Wiigwaas Press.

mnhspress.org

The Minnesota Historical Society Press is a member of the Association of University Presses.

Manufactured in the United States of America

10 9 8 7 6 5 4 3 2

♾ The paper used in this publication meets the minimum requirements of the American National Standard for Information Sciences— Permanence for Printed Library Materials, ANSI Z39.48-1984.

International Standard Book Number
ISBN: 978-1-68134-220-7 (paper)
ISBN: 978-1-68134-221-4 (e-book)

Library of Congress Cataloging-in-Publication Data available upon request.

This and other Minnesota Historical Society Press books are available from popular e-book vendors.

Dibaajimowinan

Miigwechiwendamowinan

ANTON TREUER

Akawe niwii-miigwechiwi'aanaanig ongow gaa-wiidookawiyangidwaa Bemidji State University's Professional Improvement Grant Program, miinawaa Minnesota State Arts Board, miinawaa Minnesota Humanities Center, miinawaa Minnesota Historical Society, miinawaa National Endowment for the Humanities *We the People Project*, miinawaa National Endowment for the Humanities/National Science Foundation Documenting Endangered Languages Fellowship Program, miinawaa American Philosophical Society, miinawaa Bush Leadership Fellows Program, weweni sa go gaye John Simon Guggenheim Foundation.

Ingii-wiidookaagonaanig igo gaye niibowa bemaadizijig, memindage Matthew Brandt, Eden Bart, Grady Appleton, Paul miinawaa Betty Day,

Heid Erdrich, Louise Erdrich, miinawaa James Cihlar.
Chi-miigwech gakina gegoo gaa-izhichigeyeg. Niwii-
miigwechiwi'aanaanig igo gaye gakina anishinaabeg
gekendamowaad o'ow inwewin epiitendamaang miinawaa
sa go gaye gakina gaa-wani'angidwaa, memindage Archie
Mosay, Connie Rivard, Maude Kegg, James Clark, Millie
Benjamin, miinawaa Thomas Stillday.

Aapiji go gaye nimiigwechiwendaamin
gidinwewininaan. Mii o'ow gidinwewininaan.
Mii ow minwewebagaasing miinawaa sa go gaye
minweweyaandagaasing. Mii ow memadweyaashkaagin
zaaga'iganiin miinawaa sa go gaye bineshiinyag
nagamotaadiwaad megwayaak. Mii ow enitaagoziwaad
ma'iinganag waawoonowaad, naawewidamowaad. Mii
ow gidinwewininaan wendinigeyang bimaadiziwin,
gikenindizoyang anishinaabewiyang, gidinwewininaan
gechitwaawendaagwak gaa-ina'oonigooyang
gimanidoominaan.

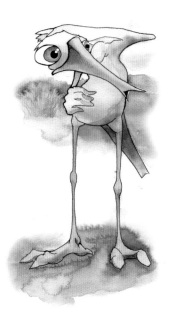

Gego baapinenimaaken awiya!
Giishpin izhichigeyan giga-bi-azhe-giiwenodaagon!

—*Eugene Stillday*

Nigigoons Zhazhiibitang

GAKINA AWIYA

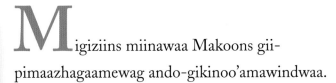

Migiziins miinawaa Makoons gii-pimaazhagaamewag ando-gikinoo'amawindwaa.

"He, giwaabamaa na giin awedi," izhi-gagwedwe Migiziins.

"Enya'. Mii na aya'aa Nigigoons zhooshkojiishkiwebizod," Makoons izhi-nakwetam.

"Daga sa naa ganoonaadaa!"

"Aaniish ezhichigeyan? Ginando-gikinoo'amaagoo na giin," odizhi-gagwejimaawaan Nigigoonsan.

"Gaawiin memwech indaa-gikinoo'amaagosii.

Gakina gegoo ingikendaan. Gakina gegoo ingii-
wiindamaagoog ingitiziimag. Gakina gegoo ingii-
gikendaan jibwaa-ondaadiziyaan. Gakina niin ingikendaan,
niin nawaj ninibwaakaa, apiich idash giinawaa," odizhi-
nakwetaagowaan.

Mii imaa gaa-izhi-nishkimindwaa. Gaa-izhi-niikimod
awe Makoons miinawaa gaa-izhi-noondaagozid awe
Migiziins, "Na'egaaj isa go naa! Gego
nishkaadiziken Nigigoonzhish!"

"Gego nishkaadizikeg,"
Nigigoons izhi-nakwetam.

Gii-wenda-onzaamigidaazo
Migiziins. "Gego

nishkaadiziken," odinaan
Nigigoonsan. "Giga-
nanaa'inin."

"Aashke naa, anishaa
gosha naa indikid. Aaniish
wenji-inendameg izhaayeg
gikinoo'amaadiiwigamigong,"
ikidowan Nigigoonsan.

"Nashke sa bangii
giga-wiindamoon wenji-
gichi-apiitendamaan
gikinoo'amaagoowaan.
Nawaj ige giga-
nibwaakaamin, booch
igo ji-odaapinamang
gikinoo'amaadiwin,"
Migiziins gaa-
inaad. "Mii imaa
gikinoo'amawindwaa ji-
baaga'adowewaad."

"Ambe wewiib ozhiitaan!"

"Gakina gegoo nimanezin. Gaawiin gegoo
nindayaanziin ge-aabajitooyaan," ikido Nigigoons.
"Awegonen dash meneziyaan?"

"Nashke, giga-awi'igoo gegoo ge-aabajitooyan," Makoons izhi-nakwetawaad, niiminang onawapon.

Nigigoons izhi-wiindamawaad Makoonsan, "Nashke bizhishigwaa gimashkimod! Gigii-kidaanawe."

Makoons izhi-nakwetaaged, "Mii gaawiin onjida. Ambe giga-wiiji'in ji-naadiyang ge-nawapoyang."

Migiziins ogii-wiindamawaan, "Nashke giga-wiidookoon ji-ayaaman gegoo ji-ozhibii'igeyan."

"Ahaaw."

Gii-wiiji'idiwag. Ogii-nagishkawaawaan Amikoonsan iwidi jiigi-ziibiing dazhi-baabagonigenid. Migiziins ogii-kagwejimaan, "Amikoons! Gidaa-awi'aa na Nigigoons gegoo ji-aabajitood ando-gikinoo'amaagozid?"

"Ahaaw daga shke goda gidaa-aabajitoon o'ow wiigwaasiigin," ikido Amikoons.

Nigigoons ikido,
"Gaawiin idash gegoo
indayaanziin ge-
ozhibii'igaageyaan."

Migiziins bezhig
omiigwanan gaa-
izhi-bakwajibinaad
ininamawaad ji-
ozhibii'igaagenid.
"Nashke, aabaji' wa'awe,"
odinaan Nigigoonsan.

Makoons gii-izhidoonetang, "Nashke, editegin, mamoodaa da-mooshkinadooyang."

"Gego dash gidaaken! Gego dash ziponendangen!"

"Ahaaw goda," ikido Makoons miinaandenig odoon gaa-bookogonewed iidog.

"Giwii-miigwechiwi'ininim gakina giinawaa," Nigigoons ikido. "Ahaaw isa izhaadaa gikinoo'amaadiiwigamigong!"

Gii-manoominikewaad Awesiinyensag

Anna Gibbs

Marlene Stately

Keller Paap

"Nashke awe, aaniin ezhichiged Mikinaakoons? Obiidoonan giizhikaatigoonsan."

"Aaniin waa-inaabajitood giizhikaatigoon?" izhi-gagwe Nigigoons.

Miish awedi Gaagoons ekidod, "Naa ondamizi Mikinaakoons, ayashawe-bimose gaye."

"Maagizhaa-sh gaye wii-poodawedog, giikajidog," ikido Migiziins.

"Aana gonaa apane ayaa nibiikaang wenji-giikajid," ikido Gaagoons.

"Giga-mino-doodaagonaan Mikinaakoons wii-poodawed, giga-gaagiizhoozimin," ikido Migiziins.

"Daga kawe inaabig, bapajiishkaaniwan omitigoonsiman. Gaawiin ganabaj giga-boodawetamaagosiinaan," ikido Nigigoons.

"Sa tayaa, namanj isa naa waa-izhichigegwen
Mikinaakoons wenji-dewikweyaan!" ikido
Gaagoons.

"Daga kawe ganawaabamishig waa-
izhichigeyaan," ikido Mikinaakoons.

Miish imaa gaa-izhi-waabanda'aad
waa-izhichiged. "Giwaabandaanaawaan
ina inwedin wiigwaasi-jiimaanan? Ningii-
ozhitoonan onow bawa'iganaakoon ji-
manoominikeyang. Gidaa-wiidookawim
na? Giga-miijimin manoomin."

Izhi-biinji-gwaashkwanid
wiigwaasi-jiimaan jiikendam wii-
manoominiked Nigigoons wewiib
gaandakii'iged. Miish iwe gaa-
ikidod Migiziins:

"Kawe, kawe, kawe
bagidinaadaa asemaa, imaa
nibiikaang manoomin weweni
ji-gashkitooyang ji-minoseyang
manoominikeyang."

Miish imaa gaa-izhi-
asemaakewaad. Wiin Nigigoons
ogii-kaagiigidootamawaan owiijiiwaaganan.

"Weweni
wiidookawishinaam
ji-miijiyaang
manoomin. Miigwech
wiidookawiyaang."

Miish imaa
gii-maajii-
manoominikewaad.

Nigigoons
maajii-gaandakii'iged
jiikendam wiin igo
miish iwidi Gaagoons
wii-maajii-bawa'ang gegaa

obajiishka'aan odis epiichi-jiikendang
manoominiked.

Agiwedig baa-
manoominikewaad
ge wiinawaa mii
dash imaa Migiziins
baapinakamigizid bawa'ang
biinjisemagak manoomin
imaa jiimaaning. Gaawiin
dash ogii-kosaasiin moosen
miinawaa asabikeshiinyan.

Mii imaa gii-
gopiminewaad gii-
paasamowaad imaa
wiigwaasibakwaang.

Mii imaa
niibawid apabiwin
Gaagoons
dakoojiiminagizid
izhi-gidasiged
weweni
izhinawe'ang

manoomin ji-jaagidesinok. "Nashke wenji-gidasamaan
manoomin weweni ji-ni-baateg izhi-mashkawaamagak."
Geyaabi odayaangwaamitoon odis ji-bajiishka'anzig gaye
ji-jaagizanzig.

Migiziins gii-izhiwidood manoomin iwidi
onakidemagak mimigoshkamwaagan ji-izhi-
mimigoshkaminid Mikinaakoonsan.

Mii go imaa Migiziins oziiginaan manoomin imaa
mimigoshkamwaagan megwaa dazhi-biizikaminid
bashkwegino-makizinan Mikinaakoonsan ozhiitaanid wii-
mimigoshkaminid manoomin.

Mii imaa awasayi'ii endazhi-nagamod Nigigoons.

Miish imaa maajitaad Mikinaakoons
wii-mimigoshkang manoomin biinjayi'ii
mimigoshkamwaaganing. "Mii
mimigoshkamaan
manoomin ji-
gidashkishkamaan
manoomin ji-
bakwajisemagak.
Ge wiinawaa
mooseg miinawaa
asabikeshiinyag ji-
mimigoshkawangwaa,"
ikido Mikinaakoons.

Nigigoons dazhi-
nooshkaachige,
"Ninooshkaatoon

manoomin ji-webaasing mashkosiinsiwang ji-wii-
webaashiwaad mooseg miinawaa asabikeshiinyag."

Nigigoons ayaangwaamizi izhi-nooshkaatood
manoomin ji-bangisinzinok ji-wiikwanaandanzig
ozowaanowashk, izhi-ayaangwaamitood odis ji-
biinjisesinok.

Mii gii-
kiizhiitaawaad gii-
manoominikewaad mii
dash Mikinaakoons gaa-
izhi-miigwechiwi'aad
wiiji-awesiinyan

inaad, "Nashke, gigii-
gikinoo'amooninim
owe manoominikewin ani-
gikendameg ge-ni-izhichigeyeg ji-ni-
gikinoo'amaageyeg."

Nigigoons gii-kaagiigido miigwechiwitaagozid, mii
dash imaa gaa-izhi-ashandizowaad manoomin ingiweg
Mikinaakoons, Migiziins, Gaagoons, Nigigoons gaye.
Mii imaa mamigodooneniwaad miijiwaad manoomin gii-
tebisiniiwaad.

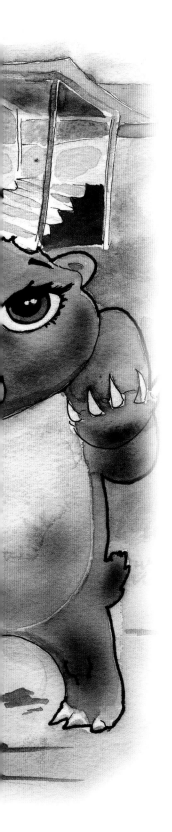

Maawanji'idiwin

Eugene Stillday

Michael Sullivan

Heather Fairbanks

Mii a'aw bezhig Migiziins gaa-waawiinzod imaa gaa-piindiged niimi'idiiwigamigong. Omaa go apii gaye wiin maamookii Makoons.

"Aaniish apii ge-maadakamigak?" izhi-gagwedwe Makoons.

"Mii igo namanj," ikido Migiziins.

"Gaawiin awiya ge-nagamod, gaawiin awiya dewe'igan. Miinawaa gaawiin awiya ge-biibaagid."

Gaa-ani-izhi-zaaga'ang awe Migiziins babaa-andonizha'iged. Gaa-izhi-

31

mikawaad Ajijaakoonsan wekogaabawinid.

Mii iw gaa-izhi-naazikawaad. "Awenen omaa netaa-nagamod?

Awenen omaa
netaa-biibaagid?"

Mii go
gakina gaa-izhi-
nakwetamowaad,
ombaangeniwaad,
"Niin!"

"Niin!"

"Niin!"

"Niin!"

"Gaye niin!" ikido awe
egaashiinyid.

"Dewe'igan igaye
gimanezimin"
Migiziins ikido.

"Nindayaawaa
dewe'igan iwidi,"
izhidoonenid
iwidi
inagakeyaa
ezhi-gabeshid
awe bezhig
Ajijaakoons.

"Ninga-naanaa."

Migiziins: "Ahaw, ambe biindigedaa! Mii wa'awe
egaashiinyid ge-biibaagid."

Mii iw ezhi-biindiged awe waa-piibaagid
wiindamaaged wayiiba ji-biindigeshimong. "Wewiib
ozhiitaayok!"

Gaa-aabita-diba'iganemagak gaa-izhi-
ozhigaabawiwaad waa-piindigeshimowaad.

"Ahaw," izhi-biibaagi awe biibaagiiwinini,

Gaa-izhi-maada'amaazowaad miinawaa gaa-izhi-maajii-
biindigeshimowaad.

Bizindang awe Migiziins gaa-awi-izhi-onabid
miinawaa nakwe'amaaged.

Gaa-izhi-maaminonendang iniw negamonid epiichi-
maazhiwebinigewaad.

Wawanwewe'akokwewag igaye, miinawaa gaa-
ishkwaawebinigewaad, gaa-izhi-inaad iniw negamonid.

"Wah-siya! Giiwaaj isa go naa ezhi-maazhiwebinigeyeg. Gaawiin igaye ginitaa-madwe'akokwesiim!"

"Indigo naa omakakiig gii-okwewidamowaad enweyeg."

Gaa-izhi-biibaagid aw biibaagiiwinini, "Haw! Niimiyok! Niimiyok!"

Gaa-izhi-
maajiwebiniged
awe Migiziins.
Gaa-izhi-
bwaanawitood
aana-wii-wiisakwed.
Indigo naage gii-
omakakiiwigondaagane. Nawaj igo gaye gibiskwe.

Hay', mii iw indawaaj igo gaa-izhi-ishkwaa-
nagamowaad. Gichi-agadendam awe Migiziins.

Mii imaa gii-pi-naazikaagod iniw gichi-aya'aan.

"Inashke mii iwe gegoo ge-onji-inaasiwadwaa negamowaad miinawaa ji-miikinji'adwaa. Gego gegoo inaaken ogoweg negamowaad, miinawaa naamiwaad," ikido awe gichi-aya'aa.

"Ahaw, nimaazhendam aanaweniminagog aana-nagamoyeg. Giga-gagwe-aanjiwebinigemin. Ahaw."

Mii iw miinawaa gaa-izhi-aanjiwebinigewaad. Wa! Gichi-jiikwewe'akokwewag miinawaa gichi-bagakitaagoziwag.

"Mii sa naa iw," ikido awe gaa-biibaagid.

Awe Migiziins wiinge jiikendam gii-nakwe'amaaged. Noongom idash wenda aapiji bagakitaagozi gaye.

Mikinaakoons Abaasandeked

Nancy Jones

Anton Treuer

Lucia Bonacci

Waabooz onando-
mawadisaan Mikinaakoonsan.
Odebaabamaan Mikinaakoonsan
nanaamadabinid desabiwining imaa
niminaawaandawaaganing.

"He niijii, aaniin giin ezhichigeyan,"
odinaan Waabooz Mikinaakoonsan.

"Gaawiin aapiji gegoo, nindabaasandeke
eta go."

"Enya' geget, aazha giwaabamin ani-
ozhaawashkoziyan," odinaan Mikinaakoonsan.

"Bi-wiidabimishin. Maagizhaa ge giin giga-ani-
ozhaawashkoz," ezhi-baapiwaad.

Owaabamaawaan biidaasamosenid Migiziinsan.

"Migiziins, ambe ge giin, bi-ando-ozhaawashkozin," Mikinaakoons ogii-wiindamawaan Migiziinsan.

Ezhi-nishkaabamigowaad Migiziinsan, "Gaawiin niin ninandawendanziin ji-ozhaawashkoziyaan. Aazha niin minonaagoziwag nimiigwanag."

Ogagwe-gaanjiwebinaan,
wii-bakobiiwebinaad
Mikinaakoonsan.

"Aa, gego sa naa
bakobiiwebinishiken!
Da-gaasiiwaabaawe ezhi-
ozhaawashkoziyaan!"

"Shaa gidinendam," ezhi-ozhaashaakoshing Migiziins gaa-izhi-bakobiised.

Migiziins agomod imaa
nibiikaang ezhi-biibaagid,
"Wiiji'ishin, wiiji'ishin!
Gaawiin ninitaa-bimaadagesii!"

Mii dash Mikinaakoons gaa-izhi-bakobiigwaashkonid ogii-agwaadaabaanaan Migiziinsan.

"Ahaaw mii izhi-baasodizon," odinaan.

Ogii-nakwetaagon Migiziinsan, "Ganabaj ningii-wanichige gii-kagwe-gaandininaan nibiikaang."

"Gaawiin wiikaa miinawaa giga-doodawisinoon. Gegoo omaa gigii-gikinoo'amaw gaa-gii-toodawinaan. Daga sa naa weweni wiijikiwenwindidaa gaye nisidotaadidaa! Wiiji'ididaa!"

Mii dash gakina gaa-izhi-maamawi-baapiwaad, bebezhig zagininjiinidiwaad.

Mitigo-zhimaaganishiiwigamigoke

Eugene Stillday

Michael Sullivan

Heather Fairbanks

Megwaa desaashi Migiziins ishpiming.
Inaabid imaa akiing ezhi-waabamaad awe babaa-
odaminonid iniw Makoonsan, gaa-izhi-niisiid.

"Ahaw, giga-wiiji'in," ikido awe Migiziins.

"Ahaw," odigoon iniw Makoonsan.

Anooj igo izhi-odaminowag, babaa-
gaagiiwaapi'idiwaad.

"Ambe shke mitigo-zhimaaganishiiwigamig
ozhitoodaa," ikido Migiziins.

"Awegonesh ge-aabajitooyang," izhi-
gagwedwe awe Makoons.

"Mitigoog giga-aabaji'aanaanig. Giin isa go
naa mashkawiziiyin gidaa-andawaabamaag ji-
izhidaabaanadwaa omaa," ikido Migiziins.

Geget gaa-izhi-maajii-andawaabamaad mitigoon.
Naana'ida gaa-izhi-mikang miinan gii-maajii-

ningaapoonod. Gegapii go ani-gagaawinawezi awe
Migiziins.

Aangwaamas ogichi-ganoonaan Makoonsan, "Ahaw
shke naa, wiidookawishin."

Wegwaagi gii-piidaasamose Amikoons.

Gaa-izhi-ganoonigowaad, "Aaniish ezhichigeyeg?"

"Aya'ii mitigo-zhimaaganishiiwigamig indaana-
wii-ozhitoomin," ikido awe Migiziins. "Niwiiji'aagan
gaawiin niwiidookaagosii. Ondami-odamino miinawaa
ningaapoono."

Amikoons ikido, "Haw, giga-wiidookooninim."
Gaa-izhi-maajii-gawamaad mitigoon miinawaa
gii-kiishkamaad. Mii 'iw zhigwa gaa-izhi-maajii-
wiidookaagowaad iniw Makoonsan. Weweni igaye
okwaakoshimaawaad iniw mitigoon, awe gaye Amikoons

weweni gagiiba'ang dawishininid iniw mitigoon,
aabajitood i'iw ogichi-ozow miinawaa azhashki.
Aabajitood igaye odoonzaamiiwiiwin awe
Makoons ombinaad iniw mitigoon. Mii iwe eta
ozhinizha'iged awe Migiziins.

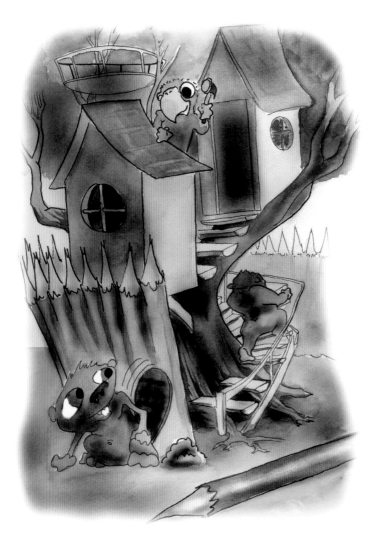

Gaa-kiizhiitaawaad ganawaabandamowaad i'iwe
gaa-ozhitoowaad, wawiinge gichi-apiitendamoog,
gichi-gikinjigwenidiwaad. Mii iwe gaa-izhi-bazigwa'od
awe Migiziins, miziwe gii-pabaa-dibaajimod ji-bi-
waabanjigaadenig gaa-ozhitoowaad. Mii imaa gaa-pi-

inaawanidiwaad igiwedig aanind awesiiyensag miinawaa bineshiinyag gii-pi-waabandamowaad iwe mitigo-zhimaaganishiiwigamig. Nigigoons ogichi-ganawaabandaan i'iwe mitigo-zhimaaganishiiwigamig. Gaa-izhi-gagwedwed, "Howa! Aaniin gaa-izhichigeyeg gii-ozhitooyeg o'owe."

Gaa-izhi-niso-nakwetamowaad igiw Migiziins, Makoons, miinawaa Amikoons, "INGII-WIIDOOKODAADIMIN MIINAWAA GII-AABAJITOOYAANG NINIBWAAKAAWININAAN."

Gete-wewebizon

ROSE TAINTER

LISA LaRONGE

Gii-kizhaate agwajiing.
Mazinaabikiwebinigewag
agiw Nigigoons, Mikinaakoons,
Gaagoons igaye ayaawaad imaa
Gaagoons endaad. Gabe-zhebaa
gii-odaminowag biindig.

Gaagoons omaamaayan
owanishkwemigowaan,
"Daga shko agwajiing izhaag!
Mino-giizhigad, gizhaate wiin
igo naa."

"Ahaaw ninga-odaminomin agwajiing," ikido
Gaagoons. "Aaniin ge-izhichigeyangiban?" ogii-
kagwejimaan Mikinaakoonsan miinawaa Nigigoonsan.

"Maagizhaa gidaa-izhaamin iwidi ziibiing ayaamagad wewebizon maagizhaa gaye gidaa-bagizomin," ikido Mikinaakoons.

Nigigoons ikido, "Ambe goda awi-bagizodaa gaye giga-wewebizomin!"

Gaagoons ikido, "Gaawiin niin ninitaa-bagizosiin. Giga-ganawaabamininim bagizoyeg gaye wewebizoyeg."

Nigigoons ogii-inaan Gaagoonsan, "Wenipanad gosha ji-wewebizoyan. Giga-gikinoo'amaagoo."

"Amanj iidog nawaj igo ningotaaj," ikido Gaagoons.

Mikinaakoons ikido, "Ambe, gego zegiziken! Omaa nindayaamin. Giga-wiidookaagoo giishpin onjibizoyan."

Gaawiin gegoo ikidosiin Gaagoons.

Nigigoons gii-moojigizi. "Daga niinitam inga-wewebiz! Ganawaabamishin ezhichigeyaan wewebizoyaan," odinaan Gaagoonsan.

Nigigoons ogii-wiikobidoon i'iw wewebizon. Mii dash gii-poozi-gwaashkwanid. "Wiiiii!" gii-piibaagi. Gaa-izhi-gabaa-gwaashkwanid

gii-kizhibaabised jibwaa-googiid imaa ziibiing. Gii-
mookised, gii-ikido, "Howa! Wenda-minwendaagwad!"

Gii-agwaataad Nigigoons, gii-ikido,"Daga shko
giinitam Mikinaakoons!"

"Daga goda gaye niin ninga-wewebiz!" gii-ikido
Mikinaakoons. Ogii-wiikobidoon i'iw wewebizon mii
dash gii-poozi-gwaashkwanid gaye wiin. "Nashke sa niin,
ninga-wewebiz!" gii-piibaagid Mikinaakoons. Gaa-izhi-
gabaa-gwaashkwanid gii-kizhibaabised jibwaa-googiid
imaa ziibiing. Gii-mookised, gii-ikido, "Oonh, wenda-
dakaagamin nibi!"

Gii-agwaataad Mikinaakoons ogii-inaan Gaagoonsan,
"Daga shko giinitam Gaagoons! Gojitoon ji-wewebizoyan.
Gaawiin gosha zanagasinoon."

"Oonh yay! Ningotaaj
gosha!" gii-ikido
Gaagoons. Gii-
tazhigaabawi
imaa jiigibiig
ganawaabamaad
Nigigoonsan miinawaa
Mikinaakoonsan
wewebizonid gaye
bagizonid.

Naanaagadawendam Gaagoons. "Niwii-
kojitoon ji-wewebizoyaan, ningotaaj wiin igo
ji-bagizoyaan," gii-inendam Gaagoons.

Ogii-piibaagimaan, "Ganabaj niwii-
wiikwajitoon ji-wewebizoyaan. Booch giga-
wiidookawim gegoo izhiwebiziyaan."

Gichi-minwendamoog Nigigoons
miinawaa Mikinaakoons wii-wewebizonid
Gaagoonsan. "Geget giwii-wiidookaagoo
ji-bagizoyan. Gego babaamendangen
Gaagoons," gii-ikido Nigigoons.

Gaagoons gii-inose imaa
wewebizowin mii dash gii-
tebibidood i'iw wewebizon.
Gii-poozi-
gwaashkwanid
gegaa gwanaa
gii-pangishin
imaa
ziibiing. Gii-
minjimaakwii
ji-bangishinzig
gaye gii-
pazangwaabi. Zegizi.

"Gwaashkwanin!" izhi-biibaagimaa Gaagoons. Ani-gibijibideni i'iw wewebizon. "Wewiibitaan! Gabaa-gwaashkwanin!" izhi-biibaagimaa Gaagoons.

Gaa-izhi-gabaa-gwaashkwanid bagaskibiishing! Gii-pi-mookised gii-maajii-bagizo.

"Howa! Ningashkitoon bagizoyaan," gii-ikido Gaagoons.

Gii-minwendamoog Nigigoons miinawaa Mikinaakoons gii-kashkitoonid Gaagoons wewebizonid miinawaa bagizonid. Gabe-ayi'ii go gii-pagizowaad miinawaa gii-wewebizowaad. Megwaa bagizowaad, ogii-waabamaan Gaagoons gegoo agokenig imaa okaading Nigigoonsan.

"Awegonen egokeg imaa gikaading?" inaa Nigigoons.

"Ginebigoons ina awe?" gii-kagwedwe Gaagoons.

"Gaawiin ginebigoons
aawisiin. Zagaskwaajime
a'aw," ikido
Mikinaakoons.
"Niwiisagamig.
Daga shko
bakwajibizh a'aw
zagaskwaajime,"
Nigigoons
gii-ikido. Gaa-
izhi-bakwajibinaad
zagaskwaajimen
Mikinaakoons.
"Mii daga
ishkwaa-
bagizodaa!"
ikidowag. "Giga-
dakwamigonaanig
agiw zagaskwaajimeg."
"Ambe daga
giiwedaa!"
Mii sa iw.

Niimi'iding Gii-maneziwaad

Anna Gibbs

Marlene Stately

Keller Paap

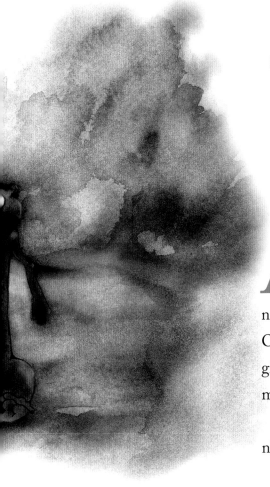

Awesiinyensag gii-noondamoog dazhi-niimi'iding. Owiiji'aaganiwaan Migiziinsan gii-ayaawan iwidi ozhiitaanid ji-maadakamigadinig.

"He, daga sa o-niimidaa iwidi niimi'iding," Gaagoons ikidod.

"Indaga-shke goda, maajaadaa gakina endashiyang!" Nigigoons ikidod.

Dagoshinowaad iwidi niimi'iding oganawaabamaawaan
naami'idinid. Goshkokaawaad naanaagadawendamowaad
gaawiin gegoo obiizikanziinaawaa.

"Nashke naa igiwedig
ezhi'owaad, giinawind dash gaawiin
gegoo gidayaanziimin!" ikidod
Mikinaakoons.

Gii-kwiinawi-inendamoog
imaa jibwaa-biindigeshimong.
Migiziins owaabamaan owiiji'aaganan
gagwejimaad, "Gaawiin ina giwii-
niimi'idisiimin giinawind?"

"Nashke dash gaawiin
gidayaanziimin ge-biizikamang," ikidod
Nigigoons.

Azhigwa go izhi-
ganawaabamaawaad waa-niimi'idinid
naanaagadawendamowaad izhi-
maneziwaad Migiziins odoombi'igon
maaminonendang gegoo. Miish imaa
inaad Gaagoonsan, "Gaagoons,

giwaabamaa na awedi baazikang miskwaanzigan?
Mii ge giin izhinaagoziyan awedi naamid baazikang
miskwaanzigan!" ikidod Migiziins.

Miish Gaagoons naanaagadawaabamaad Nigigoonsan izhi-ginwaanowenid. Miish iwe enaad, "Gidayaan ge giin ge-aabajitooyan niimiyan. Gizow gidaa-aabajitoon. Dago miigwan izhinaagwak gizow. "

"Ginwaamagad gizow. Mii iwe ge-minjiminaman niimiyan, dago izhinaagwad gizow awe miigwan izhinaagozid. Giin gidaa-naaniiminaan gizow niimiyan."

Miish Nigigoons naanaagadawaabamaad Mikinaakoonsan izhinaagwadinig opikwanaani. Miish iwe

enaad, "Dago gibiizikaan iwe inikonayewaad ingiweg
naamiwaad. Mii iwe ge-aabajitooyan gipikwan
waawiyeyaamagak, dago ge giin gibiizikaan
ongoweg inikonayewaad naamiwaad.
Giga-nisidawinaagoz."

Miish Mikinaakoons naanaagadawaabamaad
Migiziinsan ezhi-omiigwanaanid. Miish iwe enaad,
"Dago gibiizikaan iwe bimoonjigan inikonayewaad

ingiweg naamiwaad. Banaskonan
ginashkid, mii ge giin ayaaman
   bimoonjigan ge-niimiyan."

Mikinaakoons
onaanaagadawaabamaan
Makoonsan maaminonenimaad

apane izhi-
bimiwidoonid
onawapon. Miish
iwe enaad, "He
Makoons ganawaabandan

gimashkimod, mii naasaab ezhinaagwadinig bemiwidoowaad ingiweg endazhi-niimiwaad."

"Mii go ge gizid epiitendaagwak izhi-mashkawiziiyan. Gidaa-naaniiminaa awe asemaa gizid dakonad naaniimiyan."

Mii sa iwe gakina gii-mashkawendamowaad gaa-izhi-wiidookodaadiwaad. Mii gaa-noondawaawaad aniwen negamonid igaye aniwen dewe'iganan. Gaa-izhi-biindigeshimowaad ani-giiwitaashimowaad waabamigowaad Ajijaakwan negamonid. Omino-ganawaabamigowaan gaa-gichi-mamazinigaadebagizowaad.

Ishkwaabii'igewin

Miziwe go ayaawaad ongow netaa-ojibwemojig, obabaamendaanaawaa yo'ow gidinwewininaan. Niinawind gaa-tazhiikamaang o'ow mazina'igan *Awesiinyensag* niwiikwajitoomin wiidookodaadiyaang apane ji-doodamaang gegoo wii-naadamaagemagak weweni ji-bimaadiziiwinagak o'ow anishinaabemowin. Inashke sa naa gii-inaakonigeyaang wii-tazhiikamaang mazina'iganan wii-aabadak ji-gikinoo'amawindwaa indabinoojiinyiminaanig ji-nitaa-agindamowaad gidinwewininaan.

Onzaam apane aabadak bebakaan zhaaganaashiimo-mazina'iganan ji-gikinoo'amawindwaa abinoojiinyag. Miinawaa ezhi-aanikanootamaang onow mazina'iganan geyaabi go initaagwadoon dibishkoo go zhaaganaashiimowin. Miinawaa sa go gaye mazinibii'igaazowag wayaabiingwejig endoodamowaad anooj igo gegoo imaa chimookomaanendaming. Ingii-wii-kanoodaamin anishinaabe-inendamowin nawaj ji-gikenimindwaa gidoodeminaanig miinawaa sa go gaye awegodogwen epiitendamaang anishinaabewiyaang.

Ingii-minosemin gii-wiidookawiyangidwaa ingiw

enokiijig imaa "Minnesota Humanities Center" ezhinikaadeg
ji-miinigooyaang zhooniyaa bangii waa-gashkitooyaang ji-
babaamaadiziyaang maawanji'idiyaang wii-tazhiikamaang onow
dibaajimowinan ji-gikinoo'amaageng. Gii-anoonaa Niiyo-
giizhig ji-mazinibii'ang gakina gegoo gaa-tazhindaagwak imaa
dibaajimowining.

Akawe gii-sanagad ji-maajitaayaang. Baabige dash
gii-kojitooyaang o'ow. Bezhig mindimooyenh imaa,
Ogimaawigwanebiik ezhinikaazod ogii-tazhimaan iniw ookomisan.
Wiikaa wiidookawaad, apane ogii-igoon, "Waabikwaan bezhig
gimiinin." Mii imaa ookomisan gaa-izhi-daanginigod oshtigwaan
miinawaa gaa-izhi-ininamaagod Ogimaawigwanebiikwe iniw
waabikwaanan waa-miinigod. Ingii-gikendaan dibaajimowin
bezhig waa-tazhiikamaang.

Gii-tibaajimaa Migiziins ezhinikaazod. Ogii-wiidabimaan
iniw omaamaayan gigizhebaa-wiisinid bizindang apane i'iw
ogidochiganens baabige dash wiindamaagod ji-o-wiidookawaad
ookomisan. Mii iw gaa-izhichigepan baabige dash wiindamaagod,
"Waabikwaan bezhig gimiinin." Gaawiin dash wiin igo ogii-
nisidotanziin gaa-onji-miinigod waabikwaan baabige dash
azhegiiwed inaabid imaa waabamoojichaagwaaning eshkam
gii-waabigwaned oshtigwaaning gaa-onji-gikendang wenji-
apiitendaagwak ji-naadamawaad nawaj epiitizinijin. Mii iw bezhig
dibaajimowin.

Gii-ayaawag naanan nawaj epiitizijig imaa gii-
maawanji'idiyaang. Bebezhig ogii-tazhiikaanaawaan
dibaajimowinan wiidabimaawaad iniw enishinaabewisidoonijin.

Mii imaa wendinigaadegin onow dibaajimowinan. Gaawiin dazhimaasiin Wenabozho. Mii eta go oshki-dibaajimowinan onow. Bebakaan ishkoniganan indoonjibaamin. Gaawiin dash wiikaa ingii-pabaamendanziimin. Netaa-ojibwemod ogii-aabajitoon gidinwewininaan keyaa gekendang. Gaawiin awiya ogii-aanjitoosiinan odikidowinan. Mii keyaa gaa-apiitendamaang gakina onow dino-giizhwewinan wii-pimaadiziiwinagak.

Apegish wii-naadamaagooyeg giinawaa aabajitooyeg yo'ow mazina'igan ji-gikendameg gidinwewininaan keyaa aabadak miziwe go anishinaabewakiing. Miigwech aapiji. Mii sa go iw.

Endazhiikangig

Ogimaawigwanebiik miinawaa Ogimaakwewibiik izhinikaazo. **Nancy Jones** izhi-zhaaganaashiiwinikaazo. Wazhaskwan odoodeman. Biigwaj ayi'ii gii-tazhi-ombigi ookomisan ogii-ombigi'igoon. Mii dash gii-ashi-niso-biboonagizid ogii-wiidigemaan Nigigoonsiminikaaniiwininiwan, Boonjigwaneyaash gii-izhinikaazo. Niizhwaasimidana ashi-bezhig daso-biboonagizi. Gii-kiginitaawigi owe anishinaabemowin. Mii iwe apane ezhi-gaagiigidod. Bangii eta ogikendaan zhaaganaashiimowin. Ashi-nishwaaso-biboon ogii-gikinoo'amaagen anishinaabemowin miinawaa anishinaabewitwaawin imaa zhaaganaashiiwakiing. Geyaabi go o'apii ondaaji'idizo noopiming gaa-onjiig wiisiniwin. Apane go odazhiikaan gaye aazhawinamaaged gidinwewininaan gaye gidizhitwaawininaan. Aapiji ominwendaan owe dazhiikang apane gaa-gii'-izhi-miinigoowiziyang ji-izhi-gaagiigidoyang manidoo gaa-gii'-miininang. Gichi-ishpendaagwad gaa-ina'oonigooyang.

Miskwaanakwad indigoo. Miinawaa Gegaanwaanikwed.
Zhingobiins igaye. Ozaamiinadoon indoojibwewinikaazowinan.
Mii 'iw eta go niswi gikendamaan. Mii iniwen niswi apane
gaa-pi-igooyaan gii-pi-ikogiyaan Obaashiing. **Eugene Stillday**
indigoo Zhaaganaashiimong. Mii go omaa Obaashiing gaa-tazhi-
nitaawigiyaan miinawaa ikogi'igooyaan. Midewing inagakeyaa

ingii-izhi-biindiganigoo o'owe niiyaw
miinawaa nibimaadiziwin. Mii 'iw
eta go anishinaabe-izhitwaawin gaa-
pi-gikendamaan, gii-ojibwemoyaan
igaye. Mii iw bijiinag gaa-maajii-
gikinoo'amaagooyaan gii-odaapinamaan
waabishkiiwed odinwewin. Ogaakaaning
ingii-tazhi-gabe-gikendaas Ode'imini-
giizis ashi zhaangaswaak ashi naanimidano
gaa-ishkwaa-ayaad Gizhe-manidoo. Ingii-taangigwanenige
ji-zhimaaganishiiwiyaan maagizhaa gaye niizho-anami'e-
giizhikwagak jibwaa-giizhiikamaan nigikinoo'amagoowin.
Babamaashiiwinini ingii-aaw niiwo-gikinoonowin Korea apii gii-
miigaading. Mii iwidi gii-waabandamaan zanagadong gii-idaming.
Niibowa ingii-agwaa'oonaanaanig zhimaaganishag imaa Inchon
miinawaa Wonsan. Nising ingii-pi-giiwemin omaa minisiing gii-
aazhawishkamaang iwe gichigami gichi-jiimaaning gaa-pooziyaan
miinawaa nising ingii-o-daagoshinimin endazhiikodaading.
Gaa-tagoshinaan ingii-piindige waabishkiiwed ogichi-
gikinoo'amaadiwining gii-mamooyaan babaamiziwin miinawaa
asigibii'igewin. Gaa-kabegikendaasoyaan omaa,

mii 'iw gaa-inanokiiyaan nisimidano ashi ningodwaaso-biboon.
South Dakota ingii-ayaamin ningodoodewiziyaang nishwaaso-
biboon; ozhibii'igewigamigong imaa daashkiboojiganing Gaa-
madaabiimog igaye naano-biboon. Ogaakaaning igaye niishtano
ashi niswi ingii-anokiitaage imaa Miskwaagamiiwi-zaaga'iga.iing
Zagaswe'idiwining. Mii omaa gii-mamooyaan anwebiwin
gii-ishkwaa-aginzod Onaabani-giizis ashi zhaangaswaak
zhaangasimidano ashi niizhwaso gaa-ishkwaa-ayaad Gizhe-
Manidoo. Noongom idash ayaapii niwiidookawaa gichi-
gikinoo'amaagewinini owidi wenjiid University of Minnesota
ozhibii'amaang Ojibwemong imaa ikidowini-mazina'iganing.
Mii go omaa wenjiid a'awe niwiijiiwaagaan. Zhooniyaabiik inaa.
Alfreda izhinikaazo zhaaganaashiimong. Ingodwaaso ingii-
miinigoowizimin igiw anishinabeg. Niswi ikwewag miinawaa niswi
ininiwag. Ozaamiinowag noozhishenyinaanig. Ozaamiinowag
igaye indaanikoobijiganinaanig. Naanimidano ashi niiwin
gikinoonowin gaa-ako-wiidigendiyaang awe niwiijiiwaagan.
Niminwendaan aapiji wiidookawag a'awe niijanishinaabe miinawaa
gaagiizomag.

Zhaangwesh **(Rose Tainter)** ogii-inendaan miinawaa ogii-dazhiikaan Waadookodaading Ojibwemowini-gikinoo'amaadiiwigamigong Odaawaa-zaaga'iganiing wayeshkad gii-inendaagwak. Obaashiing onjibaa iwidi Miskwaagamiiwi-zaaga'igan ishkoniganing. Gii-ojibwemo nitam jibwaa-ani-gikendang zhaaganaashiimowin Gaa-ako-midaaso-biboonagak gii-gikinoo'amaage, gii-inaakonige, ogii-ozhitoon enaabadak, miinawaa ogii-wiidookawaan gekinoo'amaagenijin imaa.

Waasabiikwe **(Anna C. Gibbs)** gii-tazhi-nitaawigi'aa Obaashiing imaa Miskwaagamiiwi-zaaga'igan ishkoniganing. Odayaawaan niswi oniijaanisan. Ginwenzh onaadamawaan wiijanishinaaben

babaa-wiinaad abinoojiinyan, maajaa'iwed miinawaa midewi'iwed. Waasabiikwe, mii wiinitam ikwe midewi'iwed imaa Obaashiing. Miziwe go minwaabamewizi ezhichiged miinawaa go gikendang anishinaabe-izhichigewin.

Anangookwe **(Marlene Stately)**
dibendaagozi Gaa-zagaskwaajimekaag.
Ginwenzh gii-anokii wiidookawaad
wiijanishinaaben nawaj ji-
gikendaminid yo'ow anishinaabemowin.
Noongom anokii iwidi Niigaane
Gikinoo'amaadiiwigamigong.
Gii-agaashiinyid ogii-gikendaan
anishinaabemowin eta go. Geyaabi
go wawiingezi miinawaa odaabajitoon gakina gekendang ji-
naadamaaged wii-pimaadiziiwinagak gidinwewininaan.

Waagosh **(Anton Treuer)** gikinoo'amaage iwidi Bemijigamaag
Gabe-gikendaasoowigamigong anishinaabemowin miinawaa gaa-
izhiwebak mewinzha. Niibowa ogii-ozhibii'aanan mazina'iganan:
The Assassination of Hole in the Day miinawaa *Ojibwe in Minnesota*
miinawaa *Living Our Language: Ojibwe Tales & Oral Histories*
miinawaa *Aaniin Ekidong: Ojibwe Vocabulary Project.* Apane go
gaye odazhiikaan *Oshkaabewis Native Journal.* Gii-inendaagozi
ji-miinind niibowa bebakaan dino ayi'iin dibishkoo go: American
Philosophical Society, National Science Foundation, National

Endowment for the Humanities, Bush
Leadership Fellows Program, miinawaa
John Simon Guggenhem Foundation.

Waawaakeyaash **(Keller Paap)**
Pasaabikaang dazhi-anishinaabe aawi.
Gii-wiidookaage gii-izhi-maajisenig
Waadookodaading gabe-ojibwemowi-
gikinoo'amaadiiwigamig imaa Odaawaa-
zaaga'igan ishkonigan ezhinikaadeg.
Inanokii da-ganawenjigaadeg
ojibwewanishinaabemowin izhi-
gikinoo'amaaged. Noongom
dash gikinoo'amaage imaa Waadookodaading endazhi-
gikinoo'amawindwaa abinoojiinyag, miinawaa babaa-
ayaa maawanji'iding izhi-gaagiigidod dazhindang izhi-
ganawenjigaadenig odinwewiniwaa anishinaabeg.

Bebaamaashiikwe **(Lisa LaRonge)**
odazhiikaan enaabadak ji-
gikinoo'amaageng iwidi
Waadookodaading Ojibwemowini-
gikinoo'amaadiiwigamigong Odaawaa-
zaaga'iganiing. Ogii-inendaan miinawaa
ogii-dazhiikaan Waadookodaading
wayeshkad gii-inendaagwak. Gaa-ako-
nishwaaso-biboonagak gii-gikinoo'amaage,
gii-inaakonige, ogii-ozhitoon enaabadak, miinawaa ogii-
wiidookawaan gekinoo'amaagenijin imaa. Noongom odazhiikaan
enaabadak ji-gikinoo'amaageng. Owiidanokiimaan Zhaangwesh
(Rose Tainter) dazhiikamowaad mazina'iganan.

Migizi **(Michael Sullivan)** niigaanowe imaa
Opwaaganiiwasin Negamojig. Odazhiikaan
Ph.D. iwidi Gakaabikaang Gabe-
gikendaasoowigamigong. Owiidookawaan
Biidaanakwad endazhiikaminid gaagiido-
mazina'igan anishinaabe-ikidowinan.
Miziwe go babaamaadizi wiidookawaad
wiijanishinaaben nagamod miinawaa
dazhiikang gidinwewininaan.

Biidaanakwad **(John D. Nichols)** gikinoo'amaage imaa
Gakaabikaang Gabe-gikendaasoowigamigong anishinaabemowin.
Miinawaa odazhiikaan mazina'igan etegin niibowa ojibwe-
ikidowinan wii-noondaagwakin igaye, "gaagiigidoo-mazina'igan"
inendaagwak.

Wezaawibinesiik izhinikaazo. **Lucia Bonacci** izhi-zhaaganaashiiwinikaazo. Bizhiwan odoodeman. Gii-aazhawaangoomaa o'omaa Nigigoonsiminikaaning. Gii-niibing mii omaa endazhi-niibinishid Nigigoonsiminikaaning. Ookomisikaawinan owiiji'ayaawaan gaye owiiji'aan. Apane go ogikinoo'amaagoon ookomisan ji-nitaa-anishinaabemod gaye ji-nisidotang anishinaabewitwaawin. Aapiji ogichi-ishpendaan gikinoo'amaagod odinawemaaganikaana' gaye odinawemaagana' gaa-gii'-pi-onji-ayaad. Apane go gaye wiin owiijitoon ji-bimaadiziimagak gidinwewininaan gaye gidizhitwaawininaan. Biboonong ogii-kiizhitoon bachelors degree imaa gabe-gikendaasoowigamigong University of Minnesota Twin Cities.

Waabano-anang **(Heather Fairbanks)** dananokii imaa Niigaane

Gikinoo'amaadiiwigamigong. Ogii-wiidanokiimaan Miskwaanakwad imaa Obaashiing Gikinoo'amaadiiwigamigong baabige dash odaapinang anokiiwin imaa Niigaane. Owiidookawaan anishinaaben ji-bimaadiziiwinagak gidinwewininaan. Weweni go gaye onitaawigi'aan odaanisan niizh imaa Bemijigamaag.

Niiyo-giizhig **(Wesley Ballinger)** dananokii iwidi Great Lakes Indian Fish & Wildlife Commission. Odazhiikaan gidinwewininaan. Miziwe go aabadadoon gaa-mazinibii'angin. Miinawaa go ogii-mazinibii'aanan gakina gegoo omaa mazina'iganing. Gii-gikinoo'amawaa iwidi Gakaabikaang

Gabe-gikendaasoowigamigong. Misi-zaaga'iganiing onjibaa.